Farida Latrach

Die Brüder Grimm und ihr Deutsches Wörterbuch

GRIN - Verlag für akademische Texte

Der GRIN Verlag mit Sitz in München hat sich seit der Gründung im Jahr 1998 auf die Veröffentlichung akademischer Texte spezialisiert.

Die Verlagswebseite www.grin.com ist für Studenten, Hochschullehrer und andere Akademiker die ideale Plattform, ihre Fachtexte, Studienarbeiten, Abschlussarbeiten oder Dissertationen einem breiten Publikum zu präsentieren.

Dokument Nr. V62373 aus dem GRIN Verlagsprogramm

Farida Latrach

Die Brüder Grimm und ihr Deutsches Wörterbuch

GRIN Verlag

Bibliografische Information der Deutschen Nationalbibliothek: Die Deutsche Bibliothek
verzeichnet diese Publikation in der Deutschen Nationalbibliografie; detaillierte bibliografische Daten sind im Internet über http://dnb.d-nb.de/ abrufbar.

1. Auflage 2005
Copyright © 2005 GRIN Verlag
http://www.grin.com/
Druck und Bindung: Books on Demand GmbH, Norderstedt Germany
ISBN 978-3-638-66861-3

Universität Kassel

Hauptseminar:

Wörterbuch der Brüder Grimm

SS 2003

Farida Latrach

Die Brüder Grimm und

ihr

„Deutsches Wörterbuch"

INHALTSVERZEICHNIS

1. Einleitung

Die Hauptaufgabe historischer Wörterbüchern liegt darin, die Entwicklung der Wörter auf den verschiedenen Stufen der Sprachgeschichte zu verfolgen und die Herkunft und Veränderung ihrer Bedeutung darzustellen.[1] Das erkannten auch die Brüder Jacob und Wilhelm Grimm. Neben ihrer bekannten Märchensammlung haben sie eine viel größere Rolle für die Germanistik gespielt. Die Germanistik verdankt ihnen das „Deutsche Wörterbuch", obwohl sie nur drei Bände, der inzwischen auf 32 Bänden erweiterten Sammlung, selbst geschrieben haben.

Aufgrund seiner umfangreichen und reichhaltigen lexikographischen Dokumentation des Deutschen nimmt das „Deutsche Wörterbuch" der Gebrüder Grimm in der deutschen Sprachlexikographie eine Sonderstellung ein. Von seinen Begründern als "philologisch orientiertes Belegwörterbuch mit sprachhistorischer Ausrichtung" konzipiert und die "vollere, lebendige" Sammlung aller deutschen Wörter anstrebend, gilt es heutzutage als "worthistorisches Grundlagenwerk für die deutsche Sprache."[2]

Das Deutsche Wörterbuch von Grimm strebt, wie in der Neubearbeitung formuliert, an, ein Verzeichnis des hochdeutschen, schriftsprachlichen Wortbestand von der Mitte des 15. Jahrhunderts, dem Beginn des Buchdrucks, bis zur Gegenwart zu liefern, wobei es sich auf den im älteren Neuhochdeutschen gebräuchlichen Wortschatz beschränkt.

Mittelpunkt dieser Arbeit soll neben der Entstehungsgeschichte, dem Vergleich zwischen Alt- und Neuausgabe, den Vorläufern des „Deutschen Wörterbuchs" auch der Aufbau sein. Zum Schluss werde ich versuchen ein Resümee zu ziehen.

---

[1] Vgl. Kühn. Lexikologie: Eine Einführung. Tübingen 1994, S. 7-8
[2] Vgl. Kirkness. Zur Einführung: Von der philologischen zur metalexikographischen Beschreibung und Beurteilung des Deutschen Wörterbuches. Band I. Tübingen 1991, S. VII

2. Die ersten Schritte Richtung „Deutsches Wörterbuch"

Als Vorstufe zum Wörterbuch kann man die Glossierungen sehen. Sie waren als Texterklärung am Rand oder zwischen den Zeilen in Büchern zu finden. Später, im 11. Jahrhundert folgten die 'Derivitationes'. Diese reihen die Ableitungen des Grundwortes aneinander. Im 14. Jahrhundert folgte man dem verbreitetem 'Vocabularis Brevilogus', das der lateinischen Tradition folgte, welche mit einer alphabetisch-sachlichen Anordnung arbeitete. Ebenfalls im 14. Jahrhundert entstanden Glossare, die erstmals Erklärungen in deutscher Sprache gaben; durch den Buchdruck verstärkte sich ihre Verbreitung. Dadurch setzte sich die deutsche Sprache auch allmählich gegenüber der vorherrschenden lateinischen Sprache durch. Erst im 15. Jahrhundert folgten die deutschen Glossare der reinen Alphabetisierung; im 16. Jahrhundert bildete sich die 'humanistische Lexikographie' heraus, deren Wörterverzeichnisse der Erlernung einer gepflegten Sprache dienen sollte.

Die Brüder Grimm sahen in dem Wörterbuch von dem Arzt Petrus Dasypodius von 1537 das erste deutsche Wörterbuch.[3] Dieses „[...]prägte die nothwendigkeit alphabetischer Wortsammlungen unserer spreche aufs anschaulichste ein."[4] 1561 veröffentlichte Josua Maler sein Dictionarium 'Die Teütsche spraach', das Jacob Grimm als „das erste wahrhafte deutsche wörterbuch"[5] betrachtete. In diesem Wörterbuch waren neben Wortschatz auch Redensarten der deutschen Schriftsprache erfasst.

Ebenfalls bekannt sind auch die Vokabularien von J. Christoph Adelung und von J. Heinrich Campe. Adelung sah als das Hochdeutsche das Oberdeutsche an, d.h. das Hochdeutsche wurde nach Adelung nur oberhalb der Sprachgrenze gesprochen. Jacob Grimm äußerte sich hierzu:

---

[3] Vgl. Grimm, Jacob: Deutsches Wörterbuch. Vorrede. (1854). In: J. und W. Grimm: Deutsches Wörterbuch. Bd. 1, Leipzig 1854, Sp. XX
[4] Vgl. Grimm. Sp. XXI
[5] Ebd. Sp. XXI

4

„[...] doch das erste gebot eines wörterbuchs, die unparteiische zulassung und pflege aller ausdrücke muste einer falschen ansicht weichen, die ADELUNG von der natur unserer schriftsprache gefaszt hatte. nur ein in Obersachsen verfeinertes hochdeutsch, gleichsam die hofsprache der gelehrsamkeit, meinte er, dürfte den ton anstimmen [...]"[6]

Aus heutiger Sicht kann jedoch gesagt werden, dass Adelung bestrebt war den Wortschatz des gesamten deutschsprachigen Raumes aufzunehmen.[7] Zu erwähnen ist, dass er als erster zur Bestimmung eines Wortes fast ausnahmslos die deutsche Sprache benutzte.

Das Wörterbuch von Campe kam vor allem durch sein Konkurrenzdenken gegenüber Adelung zustande, „dessen Wörterbuch er vor allem in der Konzeption für nicht gelungen hielt."[8] Er wollte eine Ergänzung, Erweiterung und inhaltliche Konkretisierung zu Adelungs Werk leisten. Genauso wie Grimm, warf Campe Adelung vor, nur das Meissnische als Grundlage verwendet zuhaben. Grimm wiederum kritisierte Campes „unverständigen purismus [...] alle fremden wörter aus der sprache zu tilgen"[9]. Zusammenfassend kann man bei Adelung und Campe folgende Gemeinsamkeiten finden[10]:

- die möglichst vollständige Erfassung der Gegenwartssprache
- Quellen und Belege
- synchroner und diachroner Wortschatz
- alphabetische Anordnung
- Bestrebung, grammatische Kategorien und Orthographie festzulegen
- semantischer Teil, der zunächst Hauptbedeutung festlegt, aus der sich weitere
  ergeben
- etymologischer Teil mit Belegen aus alten Quellen

---

[6] Vgl. Grimm, Jacob. Deutsches Wörterbuch. Vorrede. Leipzig 1854. Sp. XXIII
[7] Vgl. Szlek. Zur deutschen Lexikographie. Bern 1999, S. 74
[8] Ebd. S. 84
[9] Vgl. Grimm, Jacob. Deutsches Wörterbuch. Vorrede. Leipzig 1854. Sp. XXIV
[10] Vgl. Szlek. Zur deutschen Lexikographie. Bern 1999, S. 92 f

Was alle weiteren Wörterbücher nach Adelung und Campe betrifft, so bezweifelte Jacob Grimm: „ob irgend ein einziges unter ihnen der sprache selbst wahren und dauerhaften dienst geleistet habe."[11]

3. Wie das „Deutsche Wörterbuch" entstand

In seiner Vorrede des Ersten Bandes des „Deutschen Wörterbuchs" von 1854 beschreibt Jakob Grimm sehr gut, wie es zur Entstehung dieses Wissenschaftsprojektes kam. So erwähnt er, dass nach der Amtsenthebung 1838 beider Brüder durch König Ernst August von Hannover aufgrund ihrer Beteiligung am Protest der „Göttinger Sieben" sie sich in einer schwierigen Lage befanden. Diesen Zeitpunkt nutzte die Weidmannsche Buchhandlung aus Leipzig. Man unterbreitete den als großen Wissenschaftlern bekannten Brüdern das Angebot, ein „neues, groszes wörterbuch der deutschen sprache"[12] abzufassen. Bereits 1830 hatte der Inhaber der Buchhandlung, Karl Reimer, versucht Jacob Grimm von diesem Vorhaben zu überzeugen. Nun schrieb er am 3.3.1838 zusammen mit Moriz Haupt, Dozenten für klassische Philologie in Leipzig, erneut einen Brief an Wilhelm Grimm. Indem Brief hieß es:

Hochverehrter Herr Professor!

Schon vor acht Jahren, [...], nahm ich mir die Freiheit an Sie und Ihren Herrn Bruder eine Anfrage über ein Unternehmen von außerordentlicher Bedeutung und großer Wichtigkeit zu richten. Damals genügte es mir, dass Ihr Herr Bruder mich mit der Idee eines von Ihnen herauszugebenden großen neuhochdeutschen Wörterbuchs nicht geradezu abwies, da ich bei der Größe des Unternehmens eine augenblickliche Zusage nicht hoffen durfte. Seitdem haben wir die Sache viel bedacht [...] Besonders eifrig erfasste Herr Dr. Haupt den Plan und war, [...], der Ueberzeugung, dass nur unter Ihrer Leitung das Werk das rechte Gedeihen haben und das werden könne, was es müße. [...] Jetzt dürfen wir Sie wohl eher bitten, die Sache gütigst in Ueberlegung zu nehmen. [...][13]

---

[11] Vgl. Grimm, Jacob. Deutsches Wörterbuch. Vorrede. Leipzig 1854. Sp. XXVI
[12] Vgl. Grimm, Jacob. Deutsches Wörterbuch. Vorrede. Leipzig 1854. Sp. I
[13] Vgl. Kirkness. Geschichte des Deutschen Wörterbuchs. 1838-1863. Dokumente zu den Lexikographen Grimm.
  Beitrag v. Denecke. Stuttgart 1980, S. 53

Am 26. April 1838 erklärte sich Jacob Grimm auch im Namen seines Bruders Wilhelm in einem Brief an Reimer damit einverstanden, das Projekt zu übernehmen.[14] Wie Jacob in seiner Vorrede erläutert, war es für beide jetzt eine Art Herausforderung. Sie ahnten zwar, welche Arbeit sich für sie ergeben würde, zugleich reizte es aber, ein solches, bis dahin noch nie existierendes Werk zu verfassen. Des Weiteren meinte Jacob, der richtige Zeitpunkt sei gekommen, da sich die deutsche Philologie im Aufschwung befand und das Volk auf seine Muttersprache sehr bedacht sei. So kam es am 6. Oktober 1838 zum Vertrag zwischen der Weidmannschen Buchhandlung und Jacob Grimm.

4. Ziel und Rahmen des „Deutschen Wörterbuchs"

4.1. Das Ziel

Da es sich bei diesem Werk um ein sehr umfangreiches handelt, vereinigte es zugleich mehrere Zielstellungen seiner Autoren. Beide Brüder hatten sich der Altphilologie und damit auch der Pflege der alten Sprache verschrieben, und so drückt es Jacob in seiner Vorrede mit den hochtrabenden Worten aus:

Es soll ein heiligthum der sprache gründen, ihren ganzen schatz bewahren, allen zu ihm den eingang offen halten. das niedergelegte gut wächst wie die wabe und wird ein hehres denkmal des volks, dessen vergangenheit und gegenwart in ihm sich verknüpfen.[15]

Im Vergleich zu Adelungs Wörterbuch, welches hauptsächlich der Konservierung von Wörtern diente, sollte demnach also ein Werk entstehen, das neben altem Wortschatz zugleich auch die Neuerungen des Neuhochdeutschen aufnimmt und damit das „Leben" von Sprache verdeutlicht. Zielgruppe waren nicht nur Gelehrte, sondern „leser jedes standes und alters"[16]. So schlägt Jacob es beispielsweise als Abendlektüre für Vater und Sohn vor, der die Mutter auch gerne lauschen wird. Gleichzeitig betont er, dass es nicht nötig ist, dass jeder jedes Wort versteht.

---

[14] Vgl. Kirkness. Geschichte des Deutschen Wörterbuchs, S. 64
[15] Vgl. Grimm, Jacob. Deutsches Wörterbuch. Vorrede. Leipzig 1854. Sp. XII
[16] Vgl. Grimm, Jacob. Deutsches Wörterbuch. Vorrede. Leipzig 1854. Sp. XII

Als weiteren Zweck führt Jacob den Schutz alter Wörter vor dem „Aussterben" an. Die Tendenz des verstärkten Zustroms von Fremdwörtern besorgte ihn. Mit einer schönen Metapher bringt er seine Hoffnung zum Ausdruck, alten Wörtern wieder Leben einzuhauchen: „durch ausgestreuten samen können aber auch verödete fluren wieder urbar werden".

Doch auch der Orthographie sollte ein Teil beige messen werden. Die Worte von Jacob: „Ich wollte auch den wust und unflath unsrer schimpflichen die gliedmaszen der sprache ungefüg verhüllenden und entstellenden schreibweise ausfegen" verdeutlichen, dass ein Ziel auch darin bestand, mit diesem Wörterbuch eine möglichst einheitliche Norm im Schriftgebrauch zu schaffen. Man kann sogar sagen, dass dies für Jakob einer der Hauptgründe war, die Aufgabe zur Erstellung eines deutschen Wörterbuches in Angriff zu nehmen. Gleichzeitig sollte es den „Lesern" durch Bedeutung und Herkunft der einzelnen Wörter den Wert und Einfluss der „alten" Sprache vermitteln und sie somit in ihrer Identität mit der deutschen Muttersprache stärken. Dies führt nicht zuletzt zu einer Stärkung des Nationalgefühls.

4.2. Der Rahmen

„Sein gebiet und umfang folgen aus dem der deutschen sprache selbst."[17], schreibt J. Grimm. Nun könnte man sagen, dieses sei ein ziemlich ungenauer und vor allem großer Rahmen, da schließlich alle Sprachverwandtschaften miteinbezogen werden könnten. Doch in seinen weiteren Ausführungen steckt er die Grenzen genauer ab, indem er sagt:

Deutsch ist demnach nichts als hochdeutsch, wie es von frühster zeit an vorzugsweise zur seite der überrheinischen Franken sich hervorthat unter den Alamannen [...], unter den Baiern, Thüringen, Hessen, so wie den diesseitigen Franken, und insgeheim das merkmal der zweiten lautverschiebung an sich trägt.[18]

Im engsten Sinne verstand er unter „deutsch" also das Neuhochdeutsche, welches sich vom Niederdeutschen durch die zweite, hochdeutsche Lautverschiebung abgrenzte.

---

[17] Ebd. Sp. XIV
[18] Ebd. Sp. XVI

Die zeitliche Umgrenzung sollte zunächst die drei Jahrhunderte von Luther bis Goethe beinhalten. Jedoch gab es bereits in der Planungsphase von Seiten verschiedenster Gelehrter Einwände, so dass man sich generell auf den Zeitraum Mitte 15. Jahrhundert bis Mitte 19. Jahrhunderts einigte[19].

„Deutsch" wurde weiterhin verstanden als: „die neuhochdeutsche Schriftsprache als Sprache aller Deutschsprechenden unter Berücksichtigung älterer Sprachstufen, aller Sprachschichten und Sprachlandschaften [...], soweit eben diese zur Erklärung des schriftsprachlichen neuhochdeutschen Wortschatzes erforderlich ist"[20].

Was im konkreten Sinne den Stichwortbestand betrifft, so soll dieser im nächsten Kapitel behandelt werden.

5. Stichwortbestand im „Deutschen Wörterbuch"

5.1. Der Wortansatz

Vorrangiges Interesse bei der Auswahl der Stichwörter galt dem Simplexwort mit seinen Redensarten und Bedeutungen.[21] Dabei war für seine Aufnahme ins Wörterbuch der Gebrauch entscheidend. Diesen Simplexwörtern folgten dann Ableitungen, wobei jedoch an Umfang nicht übertrieben werden sollte. J. Grimm verweist für dieses Gebiet auf die Aufgabe einer Grammatik, welche sich mit den Wortbildungsregeln befasst. Da die deutsche Sprache vor allem für ihre Zusammensetzungsfähigkeit bekannt ist, stand auch dieses Problem zur Frage. „Die zusammensetzungsfähigkeit unserer sprache, [...], ist so unermeszlich, dasz sich lange nicht alle hergebrachten, geschweige alle möglichen wortbildungen anführen lassen."[22] Damit stand eine beschränkte Behandlung dieser Wörter fest. Entscheidendes Kriterium für die Aufnahme war wiederum die Gebräuchlichkeit.

---

[19] Vgl. Drücker. J. und W. Grimm. In: Das Grimmische Wörterbuch. Untersuchungen zur lexikographischen Methodologie. Leipzig 1987, S. 9 f
[20] Vgl. Szlek, S. 152
[21] Ebd. S.165
[22] Vgl. Grimm, Jacob. Deutsches Wörterbuch. Vorrede. Leipzig 1854. Sp. XLII

Auffällig ist allerdings, dass Wilhelm Grimm in seinem Teil des Wörterbuchs verhältnismäßig viele Zusammensetzungen aufnimmt, wie beispielsweise die mit *Darm-, Deich-* und *Dorn-*.

5.2. Vornamen und geographische Namen: Eigennamen

Eigennamen wurden grundsätzlich nicht ins „Deutsche Wörterbuch" aufgenommen. Geographische Namen sind viel zu zahlreich, so dass ihnen nach Grimms Meinung eher ein eigenes Buch zuständle. Was Namen im Sinne von Vornamen von Menschen betrifft, nimmt er nur die auf, die einen besonderen Wert im Sinne der Sprachgeschichte haben. Das sind für ihn „blosz einige hypokoristische formen wie Benz, Kunz, Heinz, Götz u. a., die näher auf die eigenthümlichkeit der heutigen sprache einflieszen."[23]

5.3. Fremdwörter in der deutschen Sprache

Dieser Punkt war für Jacob Grimm sehr wichtig, meinte er doch:

Es ist pflicht der sprachforschung und zumal eines deutschen wörterbuchs dem maszlosen und unberechtigten vordrang des fremden widerstand zu leisten und einen unterschied fest zu halten zwischen zwei ganz von einander abstehenden gattungen ausländischer wörter, wenn auch ihre grenze hin und wieder sich verläuft.[24]

Es zeigt sich, dass er also der Meinung war, man müsse dem Eindringen von Fremdwörtern in die deutsche Sprache Einhalt gebieten, da dieser für ihn Überhang genommen hatte. Hierzu muss kurz erwähnt werden, dass Grimm laut Szlek keine Unterscheidung, wie heutzutage, zwischen Fremd- und Lehnwort macht.[25]

---

[23] Ebd. Sp. XXX
[24] Ebd. Sp. XXVII
[25] Vgl. Szlek, S. 175

Und obwohl die Brüder Grimm allgemein nicht als Puristen galten und sich auch dagegen wehrten[26], hofften sie doch einen Einfluss auf die „Reinhaltung" des Deutschen nehmen zu können. Wie bereits die Ziele des Wörterbuchs zeigen, sollte das sprachliche Selbstbewusstsein der Deutschen gestärkt und ihnen gezeigt werden, welche Möglichkeiten die deutsche Sprache selbst besitzt, so dass es nicht immer nötig ist Wörter aus anderen Sprachen zu gebrauchen.

Grimm war sich bewusst, dass es unmöglich war alle Fremdwörter aus dem Wörterbuch auszuschließen, da die Mehrheit von ihnen sich längst dem Sprachgebrauch angepasst hatte: „Fällt von ungefähr ein fremdes wort in den brunnen einer sprache, so wird es solange darin umgetrieben, bis es ihre farbe annimmt und seiner fremden art zum trotze wie ein einheimisches aussieht."[27]

Das zeige sich vor allem in Ortsnamen, aber auch in Wörtern wie *Abenteuer* oder *Armbrust*. Viele Fremdwörter waren und sind längst mit dem Deutschen verwachsen. So nennt er als Beispiele die Namen von Tieren oder Pflanzen, für welche gar keine andern Ausdrücke bekannt sind. Mehrere Begriffe drangen bereits im Altertum durch die Verbreitung des Christentums, die lateinische Schulbildung und selbstverständlich auch durch den Auslandsverkehr ein. Jacob Grimm gibt in seiner Vorrede aber auch den Fürstenhöfen, Behörden und Gerichten die Schuld am Überfluss des Eintritts von fremden Wörtern:

> Man darf überhaupt nicht vergessen, dasz es keineswegs die mitte des volks ist, die das fremde in unsere sprache heran schwemmte, vielmehr dasz es ihr zugeführt wurde durch die dem ausländischen brauch huldigenden fürstenhöfe, durch den steifen und undeutschen stil der behörden, kanzleien und gerichte, so wie durch das bestreben aller wissenschaften ihre kunstausdrücke den fremden zu bequemen oder diesen den rang vor jedem eignen wort zu lassen.[28]

Mit der Zeit gewöhnte man sich an diese Wörter und „jener widerwille gegen den fremden laut"[29] stumpfte ab, ja es gehörte sogar zum guten Ton Fremdwörter zu benutzen. Somit sah er es, wie bereits erwähnt, als eine Pflicht an, dieser Entwicklung entgegenzuwirken.

---

[26] Vgl. Grimm, Jacob. Deutsches Wörterbuch. Vorrede. Leipzig 1854. Sp. XXVIII
[27] Ebd. Sp. XXVI
[28] Ebd. Sp. XXVIII

11

Für die Aufnahme von Fremdwörtern ins „Deutsche Wörterbuch" sollten nun Kriterien wie das Vorkommen im älteren Wortschatz, die Angleichung an die deutsche Sprache und ihr Gebrauch im Volk und in der Literatur entscheidend sein.[30]

Nicht aufgenommen werden sollten Wörter „aus der griechischen, lateinischen, französischen sprache oder sonsther entlehnte[] ausdrücke, deren gebrauch unter uns überhand genommen hat oder gestattet wurde, ohne dasz sie für eingetretne in unsere sprache gelten können"[31]. Als Beispiele führt er die Verben auf –ieren aus dem Französischen, aber auch Ausdrücke aus Wissenschaft, Schule und Kriegswesen an. Diese sind für ihn nur eine Art Modeerscheinung und werden mit der Zeit, „sobald einmal das natürliche wort den gebührenden raum gewonnen hat"[32] gar nicht mehr vermisst werden.

5.4. Fachsprachliche Begriffe

Aus der Vorrede schließt man, dass auch aus dem Gebiet der fachsprachlichen Begriffe möglichst keine Wörter aufgenommen werden sollten. Entscheidend für den Eintrag sollte wiederum der Gebrauch sein. So schrieb Wilhelm Grimm am 28.01.1847 in einem Brief an Karl Reimer: „die terminologien der wissenschaften künste u. gewerbe können nur einen platz finden, insoweit sie in die allgemeine sprache abgegangen sind."[33] Der Sprachwissenschaftler J. Schiewe stellte bei einer Auswertung des „Deutschen Wörterbuchs" in Bezug auf den Fachwortschatz jedoch fest, dass die Annahme, diese Wörter seien nicht genug berücksichtigt worden, nicht korrekt ist. Er ist der Meinung, dass dieses Werk auch für die Fachwortschatzforschung unabdingbar ist.[34]

---

[29] Ebd. Sp. XXVII
[30] Vgl. Szlek, S. 178
[31] Vgl. Grimm, Jacob. Deutsches Wörterbuch. Vorrede. Leipzig 1854. Sp. XXVII
[32] Ebd. Sp. XXVIII
[33] Vgl. Kirkness, S. 117
[34] Vgl. Szlek, S.174 f

5.5. Volkssprachliche Wörter

Das wörterbuch, will es seines namens werth sein, ist nicht da um wörter zu verschweigen, sondern um sie vorzubringen. es unterdrückt kein ungefälliges wörtchen, keine einzige wirklich in der sprache lebende form, geschweige reihen von benennungen, die seit uralter bestanden haben, fortbestehn und dem was in der natur vorhanden ist nothwendig beigelegt werden. so wenig man andere natürliche dinge, die uns oft beschwerlich fallen, auszutilgen vermöchte, darf man solche ausdrücke wegschaffen.[35]

Die Brüder Grimm wollten die deutsche Sprache in allen Ebenen darstellen und somit keine Wörter, die vielleicht als anstößig galten, weglassen. Wichtig für die Aufnahme war jedoch wieder die sprachhistorische Bedeutung für das Neuhochdeutsche sowie deren Gebrauch im Volk und unter den Schriftstellern. Sie sahen ihr Wörterbuch nicht als Sittenbuch, sondern als wissenschaftliches Unternehmen. Außerdem, wie es J. Grimm so schön ausdrückt: „an sich sind alle wörter rein und unschuldig, sie gewannen erst dadurch zweideutigkeit, dasz sie der sprachgebrauch halb von der seite ansieht und verdreht."[36]

6. Die Wortartikel
6.1. Die Struktur der Wortartikel

Wie bereits erwähnt, sollte dieses Wörterbuch den Wandel der Sprache vorzeigen und damit auch auf die Herkunft der Wörter eingehen. Diese sollten in alphabetischer Reihenfolge angeordnet sein und Prinzip war es: „vielmehr den ableitungen als den zusammensetzungen, vielmehr den einfachen wörtern als den abgeleiteten nachzustreben"[37].

Im Aufbau der einzelnen Artikel folgen dem Stichwort in der Regel die grammatische Kategorie (benannt mit den gebräuchlichen lateinischen Begriffen), sowie die Kennzeichnung der Wortarten, mit der man jedoch ziemlich sparsam umging. So wurden Verben und Adjektive im Gegensatz zu Adverbien nicht gekennzeichnet.

---

[35] Grimm, Jacob. Deutsches Wörterbuch. Vorrede. Leipzig 1854. Sp. XXXIII
[36] Ebd. Sp. XXXIV
[37] Ebd. Sp. XLIII

Daraufhin schliesst sich meist eine Bedeutungserklärung auf Latein an. Dieses rechtfertigte Grimm damit, dass das Lateinische fähig ist „[…]den mittelpunkt des worts, auf die stelle der hauptbedeutung zu leiten, von welcher dann frei und unbefangen nach allen richtungen hin umzuschauen ist."[38] Dabei war ihm bewusst, dass nicht jeder diese Erklärung verstehen musste. Danach wird sich der Etymologie gewidmet, welcher dann der Bedeutungs- und Belegteil angeschlossen ist. Des Öfteren kann man hier den Eindruck gewinnen, man solle belehrt werden. So steht zum Beispiel im Artikel *Augenglied* „eine schlechte Form für Augenlied"[39] oder unter *besoffen* „von besaufen, unedler als berauscht oder betrunken"[40].

Da die Grimms dem historischen Prinzip folgten, findet man teilweise ein und dasselbe Wort mehrfach verzeichnet, gab es doch im Laufe der Geschichte verschiedene Formen unter denen es gebräuchlich war. Als Beispiel wäre hier das Wort beglauben zu nennen, welches auch unter beglaubigen zu finden ist. Diese Mehrfachnennungen wurden des Öfteren kritisiert, sind meiner Meinung nach aber nicht störend, da der Zusammenhang durch Verweise in den Erklärungen doch dargestellt wird.

Zusammenfassend lässt sich die Struktur der inhaltlichen Artikelgestaltung bei Grimm und späteren Bearbeitern des „Deutschen Wörterbuchs" folgendermaßen darstellen:[41]

1. Lemma, Wortangabe, Genusangabe bei Substantiven
2. Angaben zur Herkunft, Bildungsweisen, gram. Klassifikation, Lautstand, zeitlicher Erstreckung, regionaler Verbreitung mit weiteren Anweisungen zum Gebrauch, zur Sprachschicht und gruppenspezifischer Verwendung, zu Textsorten, zum Stil
3. Bedeutungsteil mit Gliederung nach Gruppen, Verwendungen, unterschiedlichen Sachbeziehungen, Darstellungen des phraseologischen Gebrauchs
4. Belegreihen zu fast jeder Aussage (mit Einzelkommentaren zu interpretationsbedürftigen Belegen)
5. selten Literaturhinweise

---

[38] Vgl. Grimm, Jacob. Deutsches Wörterbuch. Vorrede. Leipzig 1854. Sp. XLI
[39] Grimm, J. und W. Deutsches Wörterbuch. Erster Band A- Biermolke. Leipzig 1854, Sp. 806
[40] Ebd. Sp. 1629
[41] Vgl. Szlek, S. 187

6.2. Der etymologische Anteil

„Etymologie ist das salz oder die würze des wörterbuchs, ohne deren zuthat seine speise noch ungeschmack bliebe"[42], äußert sich Jacob Grimm in seiner Vorrede. Und auch in einem Brief vom 20.09.1838 an Karl Lachmann, in dem er seine Vorstellungen zur konkreten Ausarbeitung des Wörterbuchs ausdrückte, kam er auf die Etymologie zu sprechen:

„also keine etymologie? ich wäre für angabe der mhd. form oder wo diese fehlt der ahd. meistentheils liegt die herkunft des abgeleiteten und zusammengesetzten worts deutlich vor. für gewiße einzelne fälle wäre doch die abkunft zu besprechen, ohne verbindlichkeit es überall zu thun. eine menge von lesern sucht und wünscht solche aufschlüsse."[43]

Er betonte jedoch noch einmal, dass man dies nicht zu pedantisch betreiben und wirklich nur „das passende und treffende" aufnehmen sollte.

Im etymologischen Teil der Wortartikel geht es in erster Linie darum, die „Wurzel" des Wortes zu finden und zu erklären. Wie bereits erwähnt bezog sich Grimm auf die deutsche Sprache als Forschungsgegenstand. Damit versuchte er auch vorrangig diese Wurzel des Wortes im Deutschen selbst zu finden. So seine Worte: „bei unsern deutschen wörtern musz es recht sein vor allem zu versuchen, ob sie nicht auch innerhalb dem deutschen gebiet selbst sich erklären lassen".[44] Auch bemühte er sich, wenn möglich, die Etymologie aus konkreten Situationen abzuleiten und sie somit nicht als Abstrakta dastehen zu lassen.

Grimms Vorgehen auf der Suche nach der Wurzel eines Wortes sah dabei so aus, dass er vom neuhochdeutschen Wort ausging. Er ermittelte dann durch Sprachvergleiche seine Entsprechungen und verwandte Bildungen in anderen germanischen Sprachen. Schließlich suchte er für diese Bildungen auf einer früheren Sprachstufe im Germanischen oder eventuell sogar im Indogermanischen eine etymologische Basis,

---

[42] Vgl. Grimm, Jacob. Deutsches Wörterbuch. Vorrede. Leipzig 1854. Sp. XLVII
[43] Vgl. Kirkness, S. 71 f
[44] Vgl. Grimm, Jacob. Deutsches Wörterbuch. Vorrede. Leipzig 1854. Sp. XLVIII

welche für ihn die gemeinsame Wurzel, darstellte.[45] Sozusagen galt seine etymologische Forschung der Suche des „Urwortes", wie ich es nennen würde.

Nach Szlek kann man den Etymologieteil im „Deutschen Wörterbuch" wie folgt gliedern[46]:

* Historische, dialektale und soziolinguistische Varietäten des entsprechenden Lemmas
* Entsprechungen aus anderen germanischen Sprachen
* Entsprechungen aus außergermanischen Sprachen
* Hinweise auf phonem-, morphem- und bedeutungsgeschichtliche Zusammenhänge zwischen den Entsprechungen; dann Erschließung des Urbegriffs

Auf der Suche nach dem „Urwort" waren Grimm auch seine enormen Kenntnisse der Laut- und Formverhältnisse sehr behilflich, welche er bereits vorher in Gesetzen festgehalten hatte. Jedoch wurde später von den Junggrammatikern kritisiert, er hätte sich in seinen Ausführungen nicht strikt genug an diese Lautgesetzte gehalten. Allerdings wurden diese Vorstellungen der Junggrammatiker, welche in ihren Forderungen recht radikal waren, später wieder von der Dialektgeographie relativiert.[47] Aus heutiger Sicht gilt Grimm als bedeutender Etymologe. Der Etymologie kommt also im „Deutschen Wörterbuch" eine große Rolle zuteil. Die Wortartikel bestehen allerdings nicht nur aus Erklärungen zur Wortherkunft, sondern auch aus dessen Bedeutung, welches im nächsten Abschnitt abgefasst werden soll.

6.3. Worterklärung und Wortbedeutung

„Der worterklärung, wie sie auch beschaffen sei, kann kein wörterbuch entbehren;"[48] Grimms Suche nach dem Urbegriff galt gleichzeitig auch dem Ziel, die damit verbundene Grundbedeutung des Wortes ausfindig zu machen. Dabei ging er

---

[45] Vgl. Szlek, S. 189
[46] Ebd., S. 190
[47] Vgl. Drückert, S. 27
[48] Vgl. Grimm, Jacob. Deutsches Wörterbuch. Vorrede. Leipzig 1854. Sp. XLVI

davon aus, dass diese erste, ursprüngliche Bedeutung in starken Verben zu finden sei, welche für ihn den Ausgangspunkt des gesamten Wortschatzes darstellten. Somit konnten für ihn Wurzeln nur Verben sein:

> Hinter allen abgezognen bedeutungen des worts liegt eine sinnliche und anschauliche auf dem grund, die bei seiner findung die erste und ursprüngliche war. es ist sein leiblicher bestandtheil, oft geistig überdeckt, erstreckt und verflüchtigt, alle worterklärung, wenn sie gedeihen soll, musz ihn ermitteln und entfalten.
> Aufzusuchen ist er vor allem in dem einfachen verbum und wiederum zuerst in dem starken.[49]

In der Anwendung der Begriffe ergeben sich abgeleitete Bedeutungen, so dass es nicht mehr für alle Wörter realisierbar war die Urbedeutung zu finden. Grimm selbst dazu:

> Es ist klar, aus dem sinnlichen gehalt des wortes ergeben sich bei seiner anwendung sittliche und geistige bezüge oder vorstellungen, denen allmälich die fülle seiner abgezogenen bedeutungen entnommen wird. [...] Diese sinnlichen bedeutungen anzugeben und voranzustellen ist in dem ganzen wörterbuch gestrebt worden, es war aber unmöglich überall den bezeichneten weg einzuschlagen [...] [50]

Als Beispiele hierfür führt Grimm in seiner Vorrede die Verben *sein* und *wesen* oder auch die Substantive *Kind* und *Tochter* an. Die meisten Wortartikel Jacob Grimms sind im Bedeutungsteil entwicklungsgeschichtlich gegliedert. So versuchte er die Wandlung des Wortes vom älteren zum neueren Deutsch darzustellen. Der Gebrauch des Wortes wird gelegentlich auch nur im Neuhochdeutschen dargestellt, während dann die Herkunft zu einer älteren Begriffsgeschichte ausgebaut wird. Gleichzeitig folgt Grimm dem Prinzip der Entwicklung von der anschaulichen zur abstrakten Bedeutung. Dies veranschaulichen auch die Artikel der Wörter *ausfahren* („der König fährt aus" bis „ausfahren der seele aus dem sterbenden"[51]), *ausfallen* („sinnlich, von haaren, federn, zähnen, körnern, blumen: die haare fallen ihm aus" bis „die heutige

---

[49] Vgl. Grimm, Jacob. Deutsches Wörterbuch. Vorrede. Leipzig 1854. Sp. XLV
[50] Ebd., Sp. XLVI
[51] Grimm, J. und W. Deutsches Wörterbuch. Erster Band A- Biermolke. Leipzig 1854, Sp. 852

schule, sitzung, vorstellung fällt aus"[52]) und *beladen* („sinnlich, esel beladen mit wein"
bis „abstract. In den weisthümern werden die schöffen beladen (mit dem urtheil)[53]).
Zur Erklärung der Wortbedeutung werden weitgehend lateinische Begriffe benutzt,
Definitionen, zum Teil aber auch einfach Synonyme. Alles in allem sollen die
Bedeutungsangaben aber auf das Belegmaterial verweisen, welches dem Leser den
Wortgebrauch verdeutlicht.[54]

6.4. Belege aus der Literatur

Da die Grimms Sprache als einen sich wandelnden Organismus sahen, legten
sie viel Wert darauf Belegbeispiele aus der Literatur für möglichst jeden Begriff zu
bieten. Damit wurde bewiesen, dass die Wörter einen lebendigen Ursprung besitzen
und jedem Leser konnte durch die Beispiele die Palettenbreite der Bedeutung eines
Wortes bewusst gemacht werden. Jacob Grimm:

denn die belegstellen sollen nicht allein an und für sich selbst durch die anziehungskraft ihres
inhaltes gefallen, sondern indem sie alle falten der bedeutung eines wortes blicken und
überschauen lassen, seine ganze geschichte vortragen.[55]

Selbstverständlich war es nicht möglich für jedes einzelne Wort Belege anzuführen,
da diese im Laufe der Zeit abhanden gekommen waren oder in der Menge der
Quellen einfach nicht auffindbar waren. Auch kam es hin und wieder, wie Grimm
bemerkt, zu einer Überfülle von Belegen. Doch geschah diese dann mit Absicht, „um
keinen zweifel über ihre ausbreitung zu lassen, so wie umgekehrt aus der belege
seltenheit die unbeliebtheit eines ausdrucks folgt und dadurch vorbedeutet ist."[56]

---

[52] Ebd., Sp. 854
[53] Ebd., Sp. 1434
[54] Vgl. Drückert, S. 33
[55] Vgl. Grimm, Jacob. Deutsches Wörterbuch. Vorrede. Leipzig 1854. Sp. XXXVII f
[56] Ebd., Sp. XXXVII

7. Die Erstausgabe und die Neubearbeitung des „Deutschen Wörterbuches"

Das „Deutsche Wörterbuch" „muß [...] als die umfangreichste und reichhaltigste lexikographische Dokumentation des Deutschen angesehen werden"[57]. Es umfasst 16 Bände in 32 Großbänden mit insgesamt 380 Lieferungen. Jacob Grimm behandelte die Buchstaben A bis C sowie E und F bis zum Wort Frucht. Wilhelm Grimm hat den Buchstaben D erarbeitet. Die erste Lieferung des Buchstaben A bis zum Wort ′Allverein′ erschien am 1. Mai 1852. Zwei Jahre später wurde der erste Band bis zum Wort Biermolke und dem erklärenden Vorwort Jacob Grimms komplettiert. 1960 wurde die letzte Lieferung gedruckt. Erst weitere zehn Jahre später erschien das Quellenverzeichnis. Nachdem die Brüder Grimm die Arbeit nicht mehr weiterführen konnten, setzten verschiedene Germanisten die Arbeit fort. Nachdem alle Bände bis 1970 erschienen sind, hat die Akademie der Wissenschaften in Berlin in einem gemeinsamen Projekt mit der Akademie der Wissenschaften in Göttingen begonnen, die Teilstrecke A bis F neu zu bearbeiten. Die Berliner Arbeitsstelle übernahm innerhalb der insgesamt zehn Bände die Buchstaben A bis C. Die Arbeitsstelle in Göttingen hat die Buchstaben D bis F und somit die Bände 6 bis 10 übernommen.[58]

Die Neubearbeitung wartet vor allem mit einer klareren Gliederung und einer stärkeren Straffung der Wörterbuchartikel auf. Längere Wörterbuchartikel verfügen zum Beispiel über einen Einleitungsteil, in dem neben etymologischen Informationen auch gesondert phonologische, sowie bei Bedarf grammatische und wortgeographische Informationen gegeben werden. In Ausnahmefällen wird auch eine Übersicht der nachfolgenden Bedeutungsgliederung gegeben. Des Weiteren wurde auf eine stärkere Vernetzung des Wortschatzes geachtet. Zum einen werden in den meisten Fällen

---

[57] Vgl. Kirkness. Zur Einführung: Von der philologischen zur metalexikographischen Beschreibung und Beurteilung des Deutschen Wörterbuches. Band I. Tübingen 1991. S. VIII
[58] Vgl. Strauß. Die Bände I und VI der Neubearbeitung des deutschen Wörterbuchs in: Kirkness. Studien zum Deutschen Wörterbuch von Jacob und Wilhelm Grimm. Band I. Tübingen 1991, S. 628

19

Wortfamilien durch Absetzung getrennt, leider mit zum Teil gravierenden Unregelmäßigkeiten[59], zum anderen gibt es bei besonders produktiven Lemmata einen gesonderten Abschlussteil am Ende des Artikels, der über die Wortbildungsmöglichkeiten des Lemmas Auskunft gibt. Lemmata, Zitate, Nummern und Erläuterung werden durch unterschiedliche Zeichensatzattribuierungen entsprechend hervorgehoben. Insgesamt ist die Neubearbeitung des Grimm übersichtlicher und systematisch durchdachter als die alte Ausgabe, wovon vor allem die wortgeschichtliche Darstellung profitiert, während die etymologischen Angaben in erster Linie auf den aktuellen Stand gebracht worden sind.

Die Neubearbeitung des Deutschen Wörterbuches will die Tradition des alten Werkes weiterführen und behält deshalb auch die Namen der Brüder Grimm bei, was man auch an dem viel kürzerem Vorwort erkennt. Einerseits muss nicht mehr so viel Rechenschaft abgelegt werden und andererseits will die Neuauflage das weiterführen, was bereits schon einmal vorhanden war.

Wie die Erstausgabe ist die Neubearbeitung „einem bestimmten Typ der historischen Wörterbücher, dem Typ des bedeutungsgeschichtlichen Wörterbuchs zuzurechnen."[60]

Grundsätzlich kann man sagen, dass die Neubearbeitung kein Nachtrag zu den früheren Ausgaben darstellen soll. Der Leser ist aufgrund der vollständigen Angaben nicht auf die Erstausgabe angewiesen. Man versucht darüber hinaus, eine klare und übersichtliche Darstellung zu erreichen, um somit auch die Artikellänge zu kürzen. Aber dennoch wird einem in der Neuausgabe ein größeres Spektrum an Belegen gegeben. Belege aus der Erstauflage werden nur dann übernommen, wenn sie für die Darstellung unabkömmlich sind. Des Weiteren werden die Belege chronologisch geordnet, sofern eine Datierung möglich ist. Dieser Aspekt ist bei der Erstausgabe nicht deutlich auszumachen.

---

[59] Vgl. Müller. Deutsches Wörterbuch von Jacob und Wilhelm Grimm. Zeitschrift für deutsches Altertum und Literatur 125. 1996, S.448-456.
[60] Vgl. Strauß, S. 638

Sonderfragen sollten nicht erörtert werden und die Belegtexte sollten gekürzt werden. Aufgrund dieser Gesichtspunkte kann man erkennen, dass die Bearbeiter der Neuausgabe sich auch damit auseinandergesetzt haben, in wie weit man das Deutsche Wörter-Buch benutzerfreundlicher machen kann. Eine systematische Artikelstruktur sollte damit erreicht werden, dass man eine innere Struktur herstellt, die von verschiedenen Gliederungseinheiten geprägt wird. Hierbei kann man schon einen entscheidenden Unterschied zwischen den beiden Ausgaben erkennen.

Eine weitere Regel war, dass man die Artikel in „Herkunft und Form" sowie „Bedeutung und Gebrauch" gliederte.[61] Für die Gliederung der Artikel ist die Bedeutung und die Geschichte eines Wortes ausschlaggebend. Es stellt sich in diesem Zusammenhang aber auch die Frage, ob damit die ausführliche Darstellung, die die Brüder Grimm den einzelnen Worten zugestanden haben, nicht zu kurz kommt. Wenn man sich aber die einzelnen Artikel und Erklärungen näher anschaut, so kann man vermutlich in den meisten Fällen feststellen, dass die Beleglage und die Erläuterungen ausreichend sind, um auch einen insbesondere historischen Überblick zu erlangen.

Die systematische Darstellung der einzelnen Artikel des Deutschen Wörterbuches sind weitgehend standardisiert, was in der Erstausgabe nicht der Fall war. Jeder Artikel ist jetzt in vier Teile gegliedert: Stichwortgruppe, Einleitungsteil, Bedeutungsteil, Belegteil und Kompositionsteil

Innerhalb der Stichwortgruppe wird das Lemma dargestellt und die Wortart beschrieben, was Jacob Grimm genauso machte. Im Einleitungsteil bzw. im Formteil können verschiedene Aspekte eine Rolle spielen. So werden grammatische Punkte erklärt und die Etymologie eines Wortes dargestellt. Die Wortgeographie, also woher ein Wort stammt, in welcher Region es überwiegend vorkommt, kann ebenso wie die phonlogischen Details erläutert werden. Der normal gedruckte dritte Teil führt sämtliche Belege sowie Bedeutungen an. In der Kompositionsgruppe kann man die kleingedruckten Wortbildungsmöglichkeiten erfahren.[62]

---

[61] Vgl. Strauß, S. 633
[62] Vgl. Strauß, S. 645

Ferner wird die Darstellung durch die verschiedenen Bedeutungen eines Wortes geprägt, was unter das Prinzip der Polysemie fällt.

Im Gegensatz zur Erstausgabe des Deutschen Wörterbuches geht die Neuauflage deskriptiv vor. Es wird also versucht, den Wortschatz möglichst wertungsfrei darzustellen. Hier wird auch der hochdeutsche, schriftsprachliche Wortbestand etwa ab der Mitte des 15. Jahrhunderts verzeichnet. Darüber hinaus werden einerseits keine Wörter aufgenommen, die vor der Mitte des 15. Jahrhunderts belegt worden sind und danach nicht mehr, und andererseits werden aber Wörter aufgenommen, die sich auf eine bestimmte Epoche einschränken und zum Beispiel heute nicht mehr gebraucht werden. Es hat den Anschein, als würde man all das einbeziehen, was nach dem 15. Jahrhundert an Wörtern verwendet wird oder wurde.

Ebenfalls werden Fremdwörter und Fachtermini aufgenommen und finden gleichberechtigte Aufnahme im Wörterbuch, allerdings auch nur dann, wenn sie weiter verbreitet sind und somit eine größere Bekanntheit haben. Dies ist neben der Artikelstraffung und der Gliederung der zweite wichtige Unterschied zur Erstausgabe. Man kann also sagen, dass dadurch allgemein bekannte Wörter, wie Abiturient, Defizit und andere aufgenommen wurden. Man muss aber auch beachten, dass Jacob Grimm im Gegensatz zur Neuauflage viele Wörter nicht aufnehmen brauchte, da sie in diesem Sprachstadium noch keine allgemeine Bekanntheit erlangt hatten.

Bei dem Vergleich der Lemmata fällt sofort auf, dass die oben beschriebene Gliederung in der neuen Ausgabe von vorn herein eine bessere Übersichtlichkeit gewährleistet. Ein besserer Lesefluss wurde dadurch erreicht, dass man einen größeren Schriftgrad verwendet hat, und dass der Zeilenabstand nicht mehr so eng gefasst ist, obwohl sich dadurch ganz offensichtlich die Artikel verlängern würden. In der Neuausgabe wird innerhalb der Gliederung zunächst auf Herkunft, Genus und Flexion des Buchstabens eingegangen. Die von Jacob Grimm zahlreich verwendeten Beispiele für den unterschiedlichen Gebrauch des A´s fallen weg. Es werden dafür in der Neubearbeitung Belege verwendet und beim Buchstaben A werden Sprichwörter mitein-bezogen. Jacob Grimm hingegen schränkt sich nicht auf den Buchstaben A ein,

sondern vergleicht ihn mit gleichlautenden Buchstaben wie E. Ähnlich verhält es sich beim Buchstaben F. Belege verwendet er dafür nicht. Es macht den Eindruck, als würde er wirklich nur sein erforschtes Wissen präsentieren wollen.

Die Neubearbeitung vermittelt hingegen auch den Eindruck als würde das Präsentierte objektiver sein, als dass was Jacob Grimm beispielsweise bei A schreibt: „A, der edelste, ursprünglichste aller laute, aus brust und kehle voll erschallend, den das kind zuerst und am leichtesten hervor bringen lernt, den mit recht die alphabete der meisten sprachen an ihre spitze stellen."[63]

Ein Beispiel für die gleichberechtigte Aufnahme von Fremdwörtern zeigt sich auch durch die Aufnahme der Fremdpräposition Á. Jacob Grimm stellt den in der Neubearbeitung lediglich als Interjektion gekennzeichneten Buchstaben Ä sehr ausführlich dar, was in gewisser Weise überflüssig erscheint, da er Beispiele dafür bereits innerhalb des Buchstaben A angegeben hat.

Ein Beispiel dafür, dass es in den Ausgaben auch Artikel gibt, die sich sehr ähneln sind, sind unter dem Begriff 'Aa' zu finden. Es werden gleiche Belege angeführt und die Beschreibung ist ähnlich. Nur in der Neuausgabe ist die Beschreibung allgemeiner gehalten.

Das in der Neuausgabe aufgenommene Wort 'Aachenfahrt' wird mit Belegen angeführt, so dass es scheint als müsste Jacob Grimm diese auch gekannt haben. Aber vermutlich war dieses Wort in diesem Zeitraum nicht so bekannt, so dass er dies nicht mit einbezog. Anschließend folgt wie bei Grimm 'Aal'. Anhand dieses Wortes kann man sehen, dass wesentlich mehr Wörter in der Neuausgabe aufgenommen worden sind. Einerseits aus dem Punkt heraus, dass es scheinbar oft mehr Varianten gibt und andererseits, weil in der Neuausgabe sämtliche Wörter aufgeführt werden sollen, die ab dem 15. Jahrhundert belegt worden sind.

Bei dem Buchstaben F lassen sich keine besonderen Varianten feststellen.

Aber am erstaunlichsten ist, dass in der Neuausgabe auch eine konsequente Kleinschreibung vorhanden ist. Nur Eigennamen wie Städte- oder Personennamen werden groß geschrieben, ebenso wie es Jacob Grimm machte. Es lässt sich also auch hier feststellen, dass die Neuausgabe die Tradition der Erstausgabe weiterführt.

---

[63] Vgl. Deutsches Wörterbuch v. Jacob und Wilhelm Grimm. Band I. Leipzig 1853, Spalte 1

Mit so einem kleinen Vergleich kann man sicherlich nicht auf die kompletten Ausgaben schließen, aber insbesondere die allgemeineren Darstellungen zeigen deutlich, wie sich die Ausgaben verändert haben und was übernommen wurde. Der Vergleich der beiden Buchstaben sollte dazu vereinzelt praktisch darstellen, was sich änderte. Man muss aber auch sagen, dass die einzelnen Lemmata nicht direkt vergleichbar sind, weil sie von unterschiedlichen Personen bearbeitet wurden und weil ein sehr großer Zeitraum zwischen den beiden Auflagen liegt. In den über hundert Jahren, die seit dem ersten Band des Deutschen Wörterbuches bis zum ersten Band der Neubearbeitung vergangen sind, wurde viel Kritik geübt und die lexikographische Arbeit hat sich weiter entwickelt.

Man kann daher sagen, das der Versuch, die Tradition und die Art und Weise der Brüder Grimm fortführen, erfolgreich war, so dass man kein komplett anders strukturiertes Wörterbuch herausbringen konnte.

8. Resümee

Überdenkt man letztendlich noch einmal alle diese Fakten, so kommt man zu dem Fazit, dass es sich bei diesem Wörterbuch der Brüder Grimm um ein enormes

Wissenschaftsprojekt handelte. War die Idee auch nicht von ihnen geboren und war es auch zu Beginn nicht ganz freiwillig, so setzten sie nach ihrer Einwilligung in das Projekt doch alle Energien hinein. Allein die Planung des Programms nahm eine Menge Zeit in Anspruch und schon vor der eigentlichen Arbeit wurde zu Genüge mit anderen Forschern diskutiert. Nach jahrelanger Arbeit entstanden so die ersten drei Bände eines einzigartigen Wörterbuchs, das zum ersten Mal das gesamte Wortgut der deutschen Sprache enthalten sollte. Dabei war es nicht nur ein einfaches Wörterbuch, sondern wenn man es genau sieht, vereinigte es eigentlich gleich drei verschiedene Vokabularien in sich. Zum Ersten war es ein Nachschlagewerk für den normalen Gebrauch, zum Zweiten eins für den Fachwortschatz und zum Dritten enthielt es historischen Wortschatz.

Des Weiteren berücksichtigten die Grimms bei der Aufnahme ihrer Wörter alle sozialen Schichten, so dass sich alle Deutschen angesprochen fühlen konnten. Damit war ein nationales Werk geschaffen, das sicherlich auch als ein Symbol Deutschlands gesehen wurde.

Alles in allem handelte es sich bei diesem Wörterbuch um eine gewaltige Arbeit. Allein die übermäßige Fülle des Materials lässt auf riesige Belastung, wenn nicht sogar Überlastung der Grimms schließen. Jacob Grimm schrieb in seiner Vorrede: „wie wenn tagelang feine, dichte flocken von himmel nieder fallen, bald die ganze gegend in unermeszlichen schnee zugedeckt liegt, werde ich von der masse aus allen ecken und ritzen auf mich eindringender wörter gleichsam eingeschneit."[64] Für mich deutet dies darauf hin, dass sie sich der Größe der Aufgabe nicht ganz bewusst waren. In meinen Augen hatten sie sich zu große Ziele gesteckt. Vor allem der Wunsch, dass es abends in der Familie „gelesen" werden sollte, scheint für mich unrealistisch. Ich kann es mir als Nachschlagewerk für den Hausgebrauch gut vorstellen, aber nicht als Abendlektüre.

Hinzu kommt, dass es oft zu Uneinigkeiten zwischen den Brüdern kam, wie Jacob es des Öfteren erwähnt. Doch trotz allem haben sie sich nicht in ihrem Vorhaben abbringen lassen, was andererseits wieder bewundernswert ist.

So kann ich zusammenfassend nur sagen, dass für mich die würdigungsvollste Leistung dieses Wörterbuchs darin besteht, dass die Brüder Grimm die Fülle des Materials und riesige Arbeit, die sich ihnen stellte, dennoch irgendwie meisterten. Somit konnte ihr „Deutsches Wörterbuch" mit dem worthistorischen Material, das es enthielt, als Basis für weitere Forschungen dienen.

---

[64]Vgl. Grimm, Jacob. Deutsches Wörterbuch. Vorrede. Leipzig 1854. Sp. II f

9. Literaturverzeichnis

1. Primärliteratur:

Grimm, Jacob und Wilhelm: Deutsches Wörterbuch. Erster Band A – Biermolke. Leipzig 1854

Grimm, Jacob: Deutsches Wörterbuch. Vorrede. (1854). In: J. und W. Grimm: Deutsches Wörterbuch. Bd. 1, Leipzig 1854

Höppner, Wolfgang: Texte zur wissenschaftsgeschichtlichen Selbstreflexion im Fach Germanistik. Bd. 1 & 2, Berlin 2000

2. Sekundärliteratur:

Dückert, Joachim: Jacob und Wilhelm Grimm. In: Das Grimmsche Wörterbuch. Untersuchungen zur lexikographischen Methodologie. Leipzig 1987

Kirkness, Alan: Geschichte des Deutschen Wörterbuchs. 1838-1863. Dokumente zu den Lexikographen Grimm. Mit einem Beitrag von Ludwig Denecke. Stuttgart 1980

Kirkness, Alan: Zur Einführung: Von der philologischen zur metalexikographischen Beschreibung und Beurteilung des Deutschen Wörterbuchs, in: Kirkness, Alan (Hrsg): Studien zum Deutschen Wörterbuch von Jacob Grimm und Wilhelm Grimm. Band I. Tübingen 1991

Kühn, Ingrid: Lexikologie: Eine Einführung, Tübingen 1994. Leumann, Manu: Grundsätzliches zur etymologischen Forschung, in: Schmitt 1977, S. 156-167

Müller, Peter O.: deutsches Wörterbuch von jacob und Wilhelm Grimm, Zeitschrift für deutsches Altertum und Literatur 125, 1996, S. 448-456

Strauß, Gerhard: Die Bände I und VI der Neubearbeitung des Deutschen Wörterbuches: Unterschiede in der lexikographischen Bearbeitung, in: Kirkness, Alan (Hrsg.) u.a.: Studien zum Deutschen Wörterbuch von Jacob Grimm und Wilhelm Grimm. Band I. Lexicographica Series Major 34. Tübingen 1991

Szlek, Stanislaw Piotr: Zur deutschen Lexikographie bis Jacob Grimm. Wörterbuchprogramme, Wörterbücher und Wörterbuchkritik. Bern 1999

Lightning Source UK Ltd.
Milton Keynes UK
UKHW010949251021
392802UK00002B/281

9 783638 668613